Sohreya - Sabine Knoll

Sohreya's Herzensbriefe

Botschaften aus dem Sein

Sohreya – Sabine Knoll wurde 1966 in Österreich geboren und entdeckte früh ihre Liebe zum Schreiben. Als Jugendliche erhielt sie für ihre Lyrik und Kurzprosa einige Jugendliteraturpreise. Beruflich schlug sie die Laufbahn einer Kulturjournalistin ein, schrieb für verschiedene Printmedien, Radio und Fernsehen.

1999 nahm ihr Leben durch die Begegnung mit dem Kernschamanismus eine neue Wendung. Die Auseinandersetzung mit Energiearbeit und Bewusstseinserweiterung folgten. Journalistisch entstanden fortan vor allem Beiträge, Artikel und Bücher über ganzheitliche Gesundheit. Die ersten spirituellen Texte wurden veröffentlicht: *„Reisen ins Licht – Geschichten aus anderen Welten"*, *„Sohreya's Herzensbriefe – Für alle Wochen des Jahres – Ein inspirierender immerwährender Wochenkalender"*, *„Wie eine Welle im Ozean – Eine spirituelle Liebesgeschichte"*.

Sohreya hält Seminare wie *„Schreiben aus dem Herzen"* und begleitet Menschen (vorwiegend Hochsensitive Personen – HSP) – in der Einzelarbeit ebenso wie in Gruppen – auf ihrem Seelenweg, zu ihrem wahren, göttlichen Selbst.

Nähere Infos: *www.sohreya.net*

Herzlichen Dank

dem Sein, dem Ursprung, der Quelle

in allem, was ist!

Impressum

Bibliografische Information der Deutschen Nationalbibliothek: Die Deutsche Nationalbibliothek verzeichnet diese Publikation in der Deutschen Nationalbibliografie; detaillierte bibliografische Daten sind im Internet über http://dnb.d-nb.de abrufbar.

© 2016 Sohreya – Sabine Knoll (Erstmalige Gesamtausgabe)

Umschlagbild: „nah-sein" von Klaus Podirsky
Portraitfoto Sabine Knoll: Gerhard Peyrer

Herstellung und Verlag: BoD - Books on Demand, Norderstedt

ISBN:9783741252150

Inhaltsverzeichnis Seite

Vorwort

Wenn Texte aus dem Sein mir zufließen, ist es reine Glückseligkeit. Es berührt mich tief im Herzen. Gleichzeitig weiß ich, dass ich diese Geschenke nicht nur für mich bekomme. Ich soll sie mit anderen teilen.

Sohreya's Herzensbriefe sind über einen Zeitraum von fünf Jahren entstanden, immer im meditativen Zustand. Sohreya, meine Seele – mein Selbst – hat die Führung übernommen, ich – Sabine – war „Sekretärin" und durfte alles aufschreiben.

Anfangs teilte ich die Texte einmal pro Monat in einem Newsletter, dann entstanden „Sohreya's Herzensbriefe – Für alle Wochen des Jahres" als immerwährender Kalender mit einer Auswahl der Botschaften. Nun, da der Kalender vergriffen ist, reifte der Wunsch nach einer Gesamtausgabe, die somit erstmals vorliegt.

Wie können die Texte gelesen werden?

–   Von Anfang bis Ende, chronologisch wie ihr Erscheinen auf der Spielfläche Leben.

–   Als bewusste Auswahl der Themen anhand des Inhaltsverzeichnisses.

–   Intuitiv mit einer Frage oder als Text des Tages einfach aufschlagen.

Folge deinen eigenen Ideen und Eingebungen, lasse die Texte auf dich wirken, meditiere darüber, bewege sie im Herzen, lass sie dich berühren und transformieren.

Ich wünsche dir von Herzen eine freudvolle Zeit beim Lesen, viele Erkenntnisse, Licht und Liebe auf deinen Wegen und ein rundum wunder-volles Leben!

Sohreya – Sabine Knoll

Angst und Liebe

Es gibt zwei Kräfte im Universum, die einander scheinbar entgegenstehen – Angst und Liebe. – Wann immer es Dir schlecht geht, wann immer Du vor einer Entscheidung stehst – frage Dich: Trifft sie die Angst oder die Liebe?

Du kannst Dich immer zwischen den beiden entscheiden. Entscheidest Du Dich für die Liebe, löst sich plötzlich alles in Dir und es entsteht ein Zustand von innerem Frieden, aus dem sich mögliche Lösungen zeigen. Entscheidest Du Dich für die Angst, bleibst Du starr und festgefahren, das Korsett wird immer enger und lässt Dir keine Bewegungsfreiheit.

Du bist es, der/die das erschafft! – Du hast die Macht der Entscheidung, Opfer zu bleiben oder endgültig auszusteigen aus der Spirale des Leidens. Je öfter Du Dich für die Liebe entscheidest, desto leichter wird es und desto kürzer werden Deine Ausflüge in die Angst werden.

Liebe verwandelt alles.

Sich für die Liebe entscheiden, heißt nicht, die Angst zu verdrängen, sondern ihr Dasein anzuerkennen, zu würdigen und zu fühlen – und wieder gehen zu lassen.

Du musst die Angst nicht mehr festhalten. Das machen nur die Gedanken, der ewig um Sorgen kreisende angstbehaftete Verstand. Er lässt Illusionen real erscheinen. Nichts davon ist wahr, es fühlt sich wahr an, aber Du entscheidest, welche Wahrheit Du nährst.

Das, was Du bist, ist die Liebe! – Du kannst Dich für Dich entscheiden und Du wirst wahrhaft leben.

Liebe ist, was ich bin.

Erwachen

Wenn alles wegfällt auf dem pfadlosen Pfad, alles, wovon Du dachtest, dass das „Ich" sei, das sich entfalte, bleibt nur der Geist, der sich entfaltet durch Dich. ES ist da und sonst nichts. Alles, was Du getan hast, alles, was Du dachtest, alles, was Du gefühlt hast, womit Du Dich immer wieder identifiziert hast, fällt weg. Alles, was Du als „Ich" betrachtest, ist nicht mehr da. Nichts mehr, was Halt gäbe, nichts mehr, was Sicherheit vermittelte. ES ist. Sonst nichts.

Hab keine Angst! ES ist da!

ES ist, was immer ist, war und sein wird. ES ist das Namenlose, das Wahre, das sich in Schönheit entfaltet, wenn nichts mehr im Weg steht. ES fließt durch Dich, ES ist der Weg, ES ist das Leben. Was bleibt, ist ES. Hab keine Angst, denn Du bist ES. Das ist es, was immer war, ist und sein wird, weil nichts anderes existiert.

ES ist das Licht der Klarheit, das sich durch Dich entfaltet und wirkt. ES ist die Liebe, die Wahrheit spricht. ES ist der Anfang, das Ende, das Nichts.

ES ist alles, was ist.

Krankheit

Krankheit ist nicht von Gott geschickt. Krankheit entsteht, weil Du Dich vom Göttlichen trennst, weil die göttliche Energie in Dir nicht mehr fließt. Gott ist Liebe. – Wo ist die Liebe in Dir blockiert? Wo oder wen kannst Du noch nicht lieben? Wo herrscht noch Krieg in Dir? Liebe, die fließt, nimmt die Krankheit mit sich. Sie existiert nicht. Krankheit ist nicht, was Du bist. Du bist Liebe, Du bist göttlich.

Lass das Göttliche fließen in Dir!

Reiß die Staudämme nieder! Das Göttliche ist, was Du bist. Du hast Dich getrennt vom Göttlichen, um zu ihm zurückzufinden. Du hast die Erfahrung der Welt gemacht, doch sie ist nicht real. Du hast Dir das Drehbuch erdacht. Nimm die Verantwortung an!

Das Göttliche ist Liebe, das Göttliche ist in Dir, ES ist, was Du bist!

Veränderung

Erst, wenn Du wirklich Ja gesagt hast zu allem, was ist, ist Veränderung möglich. Solang da noch Kampf ist und Widerstand, solange Du noch etwas ändern möchtest, gibst Du Dich noch nicht hin. Sich nicht hinzugeben, heißt, mit der Schöpfung zu hadern, mit Allem-was-Ist, heißt, Deine Schöpfung nicht anzuerkennen. Du bist im Krieg mit der Welt und Du führst Krieg gegen Dich. Erst den Kampf zu beenden, führt Dich in Frieden und Stille.

Alles ist gut, wie es ist.

Und Veränderung geschieht. ES geschieht durch Dich. Du stehst nicht mehr im Weg. Du hast DICH hingegeben. Leere, Stille, Sein. ES entfaltet sich von allein, wenn Du ihm nicht im Weg stehst. ES fließt, ES ist, ES geschieht. Du bist ES. Und aus der Stille wird Klang, und der Klang nimmt Formen an, und die Form verdichtet sich zu „Realität". „Wir" erfahren Realität, aber da ist Nichts und Niemand, ein Traum von Realität. Aus dem Traum zu erwachen, verändert alles, und alles ist gut, wie es ist.

SEI!

Vertrauen

Jedem Augenblick folgt der nächste, aus jedem Schritt entsteht der nächste. Hier und jetzt ist alles, was ist. Die Vergangenheit existiert nicht, die Zukunft ist nicht real. Hier und jetzt spielt Dein Leben. Jeder Schritt entscheidet über den nächsten, er lässt sich nicht planen, nur wahrnehmen.

Wenn Du fließt mit dem großen Ganzen kann sich alles entfalten zum Wohle des Ganzen.

Du gehst Deine Schritte, ein anderer Mensch geht seine Schritte. Aus allen Schritten ergibt sich ein gemeinsames Ganzes, ein gemeinsamer Plan. Lass das Göttliche sich entfalten, vertraue auf den göttlichen Plan!

Alles ist gut, wie es ist.

Polarität

Wir sind alle Facetten des Ganzen, Zellen des selben Göttlichen. In jeder ist das Ganze enthalten, und doch geht jede ihren Weg und macht ihre Erfahrung. Keine ist besser oder schlechter als eine andere Erfahrung, es sind alles Erfahrungen auf dem menschlichen Weg.

**Du bist eine göttliche Zelle
auf einem menschlichen Weg.**

Nichts was Du erlebt hast, nichts was Du noch erlebst, ist speziell. Du bist genauso göttlich wie alle, und alle sind speziell oder besser: einzigartig. Das ist die menschliche Erfahrung in der Polarität. Geh Deinen Weg durch die Erfahrung. Das Leben ist da, um es zu leben, nicht um dagegen anzukämpfen. Fließe mit Deinem Leben, lebe Dein Leben!

Geh Deinen Weg in Liebe zum Sein.

Jetzt

Jetzt spielt das Leben, nicht gestern, nicht morgen. Jetzt ist ein Aneinanderreihen von Momenten, von Augenblicken, die die Spur des Lebens ergeben, der wir im Innersten folgen. Jetzt ist alles, was ist. Jetzt ist alles enthalten, jetzt hast Du Zugang zu allem, jetzt ist die Welt.

Spiele jetzt!

Lässt Du das Jetzt auf Dich wirken, wird sich alles ergeben. Ergib auch Du Dich dem Leben und fließe jetzt mit dem Leben. Mehr ist nicht zu tun jetzt als fließen, Dich hinzugeben und dem Strom zu vertrauen.

Jetzt spielt das Leben!

Formen des Lebens

Alles ist Leben, nur in anderen Formen. Wenn Du nichts mehr bewertest, nichts mehr willst oder ablehnst, wird alles nur zu Formen des Lebens. Es gibt unzählige Ausdrucksformen, die sich von Deiner unterscheiden, andere Formen des Lebens.

**Ohne Bewertung, ohne Abwertung,
kannst Du sie einfach sein lassen.**

Du musst nicht auf sie reagieren, musst sie weder lieben noch hassen, Du bist frei zu sein, zu fühlen und das was ist einfach sein zu lassen. Du bist das was Du bist in dieser Welt der Erscheinungen. Andere sind etwas anderes. Nichts ist besser oder schlechter, es ist nur anders, und nichts davon ist wahr.

**Das Leben erlebt sich durch Dich
und durch alles, was ist.**

Gegenwärtigsein

Leben ist Gegenwärtigsein in jedem Moment. Das Leben entfaltet sich selbst, wenn Du es lässt. Es ist die göttliche Schöpfung, Du kannst sie genießen oder Dich ihr in den Weg stellen. Das ist die Wahl Deines freien Willens.

Folge den Impulsen des Lebens.

Sie sind die Wegweiser auf Deinem Weg. Folge der Stimme des Herzens. Folge dem Glück und der Liebe, der Freude. Du entfaltest Dich mit dem Leben wie eine Blume, die ihren Bauplan schon kennt. Alles ist in ihr angelegt, sie folgt der höheren Intelligenz, wird, blüht auf und vergeht.

Leben ist blühen und sich entfalten – entfalten lassen durch das Leben.

Loslassen

Loslassen heißt aufzuhören festzuhalten. Du lässt Dich fallen, vertraust dem Leben, vertraust Dich dem größeren Ganzen an. In Deinem Loslassen fällst Du und fallen die Dinge an ihren Platz.

Alles folgt einer höheren Intelligenz.

Loslassend kann geschehen, was Du verhindert hast durch die Kraft, die Du im Festhalten aufgewandt hast. Du lässt Dich fallen, verlässt Dich die Kraft, am Äußeren festzuhalten. Wahre Kraft kommt von innen. Vertrau dieser Kraft des Herzens.

**Vertraue der Intelligenz der Liebe,
die alles Leben durchdringt.**

Freiheit

Freiheit beginnt erst da, wo das Wollen und Nicht-Wollen endet, wo Du im Fluss bist mit dem Leben. Freiheit bis in jede Zelle, sich zu erneuern. Freiheit, der Liebe zu folgen. Freiheit zu leben und zu entstehen in jedem Moment aufs Neue.

Freiheit ist was Du bist.

Freiheit ist leben, lieben, lachen. Freiheit ist, Dich zu verwirklichen auf die höchste und schönste Art. Freiheit ist, mit dem Leben zu fließen und das Leben machen zu lassen auf die vollkommenste Art.

**Lass alles sich entfalten,
alles folgt dem höheren Plan.**

Wahrheit

Wahrheit ist das, was Du als Wahrheit definiert hast. Du hast Deine Wahrheit, jemand anderer hat seine Wahrheit. Eure Wahrheit trifft sich vielleicht in der Mitte, stimmt überein oder gar nicht. Nichts ist weniger wahr.

Wahrheit heißt nicht recht haben.

Rechthaber erklären ihre Wahrheit zur Wahrheit aller. Aber das ist nicht wahr. Es gibt Gesetze des Universums, die Du in Wahrheit befolgen kannst. Dadurch werden sie wahr. Du machst sie wahr.

**Folge der Wahrheit des Herzens,
sie ist für Dich wahr.**

Eigenwille

Es ist nur der Eigenwille, der Kummer und Leid verursacht. Wenn Du Dich hingibst an das Ganze, endet Dein Leiden. Wenn Du aufgehst im Ganzen, ist nur Glückseligkeit, was bleibt. Opfere Dich – Dein Ego – auf dem Altar des Ganzen. Dein Gewinn ist ungleich größer als was Du scheinbar verlierst.

Du gewinnst Dich selbst zurück.
Du gewinnst das, was Du bist.

Opfere Dich im Sinne von: Lass Dein Ego aufgehn im Ganzen. Sei das Göttliche, das Du bist. Folge ihm kompromisslos ohne zu wanken. Fühl das Vertrauen, das Du bist.

Alles hat sich gefügt und fügt sichzum Besten für alle, wenn Du bei Dir bist und aufgehst im Ganzen.

Alles folgt dem göttlichen Plan.

Verluste

Die Verluste, die wir erleiden, öffnen unser Herz. Der Schmerz reinigt unsere Seele im Feuer der Liebe, die alles verbrennt, was nicht heil ist. Sie findet zu sich, zum Selbst, in der Liebe, zum göttlich-allumfassenden Sein.

Sei – und es wird Dir gegeben.

Der Schmerz reinigt unsere Liebe, unser inneres Feuer nimmt alles mit sich, was ihr nicht dient. Die allumfassende Liebe nährt Dich, sie ist alles, was ist.

Der Schmerz öffnet unsere Herzen in Liebe.

Herz und Liebe

Das Herz ist die Brücke zur Liebe, die Verbindung von Himmel und Erde, von oberer und unterer Welt. Der Mensch verbindet Himmel und Erde durch sein göttliches Selbst. Himmel und Erde fließen zusammen und treffen sich in Deinem Herzen. Es baut die Brücke aus Licht zu den Welten, die sich in Dir neu verbinden.

Herz und Liebe sind eins.

Das Herz ist der Sitz Deiner Seele. Geist ohne Liebe muss kalt bleiben, erst die Liebe erweckt ihn zum Leben. Du bist Himmel und Erde in Gestalt eines Menschen. In Dir treffen sich die Welten. Lass sie in der Liebe leben. Fühl die Liebe im Herzen und lass Dich neu erstehen als Liebeswesen.

Himmel und Erde sind eins.

Zweifel

Zweifel und Verzweiflung sind eins. Mit Deinem Zweifel erschaffst Du Verzweiflung. Eins wird zu zwei, die Einheit zerfällt in zwei Teile. Du trennst Dich vom Ursprung durch Zweifel.

Zweifel und Verzweiflung sind eins.

Löse Dich von der Verzweiflung, geh heim in Dein Herz. Geh zurück zum Ursprung der Liebe, folge der Liebe ohne Ziel. Liebe und lache und werde. Es ist ein Spiel.

Die Liebe weiß immer den Weg.

Bewertung

Bewertung erschafft Dein Leiden. Du bewertest alles. Erfolg zu haben höher als keinen Erfolg zu haben, Geld zu haben höher als kein Geld zu haben, Beziehung zu haben höher als keine Beziehung zu haben. Aber alles ist gleich viel wert, alles ist eine Erfahrung.

**Höre auf zu bewerten und
öffne Dein Herz für Deine Erfahrungen.**

Leben heißt, Erfahrungen machen, oben und unten, laut und leise, innen und außen, Freud und Leid. Das sind alles Erfahrungen. Deine Seele kann daran wachsen. Nütze Deine Erfahrungen, um daran zu wachsen, nicht um zu leiden. Sei einfach da.

**Keine Erfahrung ist mehr wert
als eine andere Erfahrung.**

Liebe und Wahrheit

Gott spricht mit sich selbst in Gesprächen von Seele zu Seele. Wenn wir uns zeigen, berühren wir einander im Herzen. Wenn wir einander ohne Masken begegnen, verschwindet die Trennung.

Das Göttliche spricht zu Dir in jedem Wesen, dem Du in Liebe begegnest.

Wir sind keine getrennten Wesen. Wir sind ein Organismus des Göttlichen. Liebe im Herzen heilt alle Wunden. Gott spricht zu sich durch alle Wesen mit offenem Herzen.

Liebe und Wahrheit sind eins.

Licht und Schatten

Wenn Du das Licht wählst, dann musst Du Dich dem Schatten stellen, wenn Du die Liebe wählst der Angst. Wenn Du den Frieden wählst, wird der Unfrieden klar. Wir leben in einer Welt der Polaritäten. Liebe und Angst – Licht und Schatten – gehören zusammen.

Wähle! – Und stell Dich dem Schatten.

Einsamkeit und Allein(s)sein sind Licht und Schatten des selben Zustands. Erlöse den Schatten, indem Du den Mangel umarmst. Im Licht der Liebe schmilzt der Schatten und es wird warm.

Wähle Liebe und Licht und Frieden:
Sag Ja!

Leben ist jetzt

Leben ist eine Aneinanderreihung von Momenten, ein Hologramm der Augenblicke. Das ewige Jetzt begegnet sich im Moment. Das Sein erschafft sich neu, von Moment zu Moment.

Lebe jetzt!

Die Kreise schließen sich im Moment. Das ewige Jetzt pulsiert von Moment zu Moment. Kein Gestern, kein Morgen, nur Jetzt. Sein existiert im Moment, nur im Moment.

Sei jetzt!

Freude

Freude ist der Weg zum Sein. Freude ist Stille und Frieden und Liebe. Freude ist Göttlichkeit, alles, was ist.

Finde die Freude in Dir!

Freude erfüllt das Sein. Freude ist Glückseligkeit und Verwirklichtheit. Das, was in allem ist als Essenz des Seins.

Freude ist Leben, ist Sein.

Fließen

Die Liebe will fließen, sie will sich verströmen, nicht aufgestaut werden durch Angst. Liebe will spielen, sich freuen und lachen. Angst ist das Ende der Liebe im Herzen. Angst baut den Damm.

Reiß ein den Damm und lass es strömen!

Liebe will heilen. Liebe will geben. Liebe will da sein in Liebe für andere. An Deiner Angst kannst Du erkennen, dass Du Liebe zurückhältst.

Liebe kennt keine Angst.

Stille

Stille fließt aus dem Herzen. Stille ist Dein göttlicher Kern. In Stille entsteht, in Stille vergeht, alles, was ist.

Stille ist Liebe und Freude und Glück.

Die Stille umfängt Dich leise und sanft. Stille erweckt die Herzen. Stille ist der Weg zum Ganzen. Stille ist Liebe, ist Freude und Glück.

Stille ist Frieden. Stille ist.

Hoffnung

Hoffnung in hoffnungslosen Zeiten stillt den Durst unserer Seele. Hoffnung nährt die Liebe. Liebe und Hass sind zwei Seiten einer Medaille. Nähre die Liebe, der Hass wird verschwinden.

Innen und außen sind eins.

Hasse nicht mehr die vermeintlich Schuldigen, denn sie dienen der Erde, der Liebe, wie alle und alles, was ist. Liebe und Hass sind die beiden Seiten ein und derselben Medaille. Was Du hasst, hast Du nicht integriert. Liebe und Hass existieren auf dieser Erde.

In Dir ist göttliches Licht.

Materie

Alle Materie ist vergänglich. Hänge Dich nicht an Vergängliches. Deine Seele, dein Selbst ist ewig. Ewig ist das Göttliche, nicht die Welt der Erscheinungen.

**Sei im Göttlichen verankert,
dann kann Dich nichts mehr erschüttern.**

Liebe das Leben mit allem Vergänglichen. Das ist ein Kennzeichen dieses Lebens hier im Irdischen. Göttliches Leben kann nicht vergehen, nicht das, was Du bist, im tiefsten Innersten.

**Du bist ein ewiges Wesen,
unvergänglich in der Essenz.**

Gesundheit

Je weniger wir dem Geist in uns im Wege stehen, desto weniger sind wir krank. Lass Deinen Spirit, das Göttliche in Dir, fließen und alles Kranke mit sich nehmen, alle Schatten durchlichten, alle Staudämme brechen.

Gott ist die Liebe, das Licht.

Steh Deinem Sein nicht im Wege. Sag Ja zum Leben, ohne Vorbehalt. Lebe Dein Leben frei von Widerstand. Alles ist Leben, alle Erfahrungen. Lass die göttliche Kraft in Dir fließen, um Dein Sein zu verwandeln, zu wachsen.

Gott ist transformatorische Kraft.

Ego und Selbst

Dein Ego ist nicht Dein Selbst. In Deinem Herzen wohnt Gott. Folge der Stimme des Herzens und Du folgst Deinem göttlichen Selbst. Der Verstand folgt dem Ego in der irdischen Welt. Die Stimme des Herzens kennt Deinen Weg als göttliches Selbst in der Welt.

Dein Ego ist nicht Dein Selbst.

Tod, Gewalt und Zerstörung entstehen nicht aus dem göttlichen Selbst. Das Ego spielt Gott in der irdischen Welt. Beende den Unfrieden in Dir selbst und Du beendest ihn in der Welt. Gott ist Liebe und Fülle und Freude.

Bringe Dein Selbst in die Welt!

Freisein

Freiheit heißt frei sein vom Anhaften, nichts mehr festzuhalten. Freisein von allem Begehren, von allen Abhängigkeiten. Freiheit ist ein Zustand der Seele. Er lässt sich nicht erzwingen, sondern nur realisieren.

Du bist frei geboren!

Freiheit ist ein Zustand, den wir Erleuchtung nennen. Frei von Bindung bedeutet, frei zu sein für das Leben. Lass Dich vom Leben ergreifen!

Göttliches Leben ist frei.

Hingabe

Hingabe an das Leben ist die Entscheidung, zu lieben. Lieben was ist, den Kummer, die Schmerzen, die Freude, das Sehnen, das Glück. „Liebe das Leben", heißt einzutauchen in das Leben der Dualität. Hingabe will sich nicht mehr zurückhalten, nichts mehr dem Leben vorenthalten.

Hingabe lebt zu 100 Prozent!

Hingabe an das Leben verlangt auch, sich selber hinzugeben, alle irdischen Anteile, die noch der Liebe im Weg stehen. Sich hinzugeben, heißt zu sterben, heißt das Denken aufzugeben, wenn es uns vom Leben trennt. Leben und denken und lieben können einander im Weg stehen.

Nur das Herz kennt den Weg.

Lust und Liebe

Lust ist die Freude am Dasein. Die Liebe paart sich mit Freude. Ekstase ist ein Feuerwerk der Gefühle, das zur Pforte des Göttlichen führt. Die Freude, die Lust und die Liebe sind eins im Garten Eden.

Herz an Herz, Leib an Leib.

Freude, Sinnlichkeit und Begehren sind das Feuer, die Kraft des Lebens. Aus der Fülle der Liebe fließen Schöpfungsimpulse, trachten danach, sich zu vereinen und zu vermehren. Eins und eins sind drei. Liebe, Freude und Fülle, ein Überfließen des Göttlichen, Erde und Himmel vereint.

Liebe und Lust sind wie Mann und Weib.

Visionen

Denken, Fühlen, Sprechen und Handeln sind die vier Schöpferkräfte. Sie musst Du ausrichten, um die Realität zu manifestieren. Sind sie nicht in Übereinstimmung, stehst Du Dir selber im Weg.

Deine Träume und Visionen werden so Realität.

Wenn Du Dir selber im Weg stehst, kannst Du das nicht erschaffen, was Dein Herz Dir sagt. Lieben und Fühlen und Denken und Handeln – und das Wort wird Realität.

So hat Gott die Welt erschaffen.

Einheitsbewusstsein

Du kannst Dich immer entscheiden zwischen Verstand und Einheitsbewusstsein, zwischen Angst und Liebe. Der Verstand kreiert die Trennung durch sein Denken, durch seine Ängste. Angst und Liebe sind nicht eins. Sie sind – scheinbare – Gegensätze in der Welt der Polaritäten und kreieren die Zweiheit des Seins.

Angst und Liebe sind zwei.

Du kannst Dich immer entscheiden für eins, für die Liebe, für das Sein. Liebe und Ursprung sind eins. Liebe und Freude sind eins. Liebe und Lachen sind eins. Liebe und Leben sind eins.

Liebe ist Göttlichkeit.

Liebe und Freude

Liebe und Freude sind Geschwister, trenne sie nicht voneinander. Freude öffnet die Herzen. Dankbare Liebe führt zu Freude. Nähre die Liebe, nähre die Freude!

Freude und Liebe sind eins.

Einheit von Liebe und Freude führt Dich zur Dankbarkeit. Dankbarkeit für Dein Leben, Dankbarkeit für die Stunden des Seins. Dankbarkeit öffnet die Herzen.

Dankbarkeit, Liebe und Freude sind eins!

Alleinsein – All-eins-Sein

Du bist nicht allein in Deinem Leben. Du bist umgeben von geistigen Wesen, die Dich in allem unterstützen. Du musst sie einfach nur wahr-nehmen und ihre Hilfe annehmen. Dein Leben dient dem Ganzen. Wenn Du Dich verschenkst an andere, Deine Liebe strömen kann, wird sie tausendfach zurückkommen.

Du bist das Ganze – das Ganze in Dir!

Liebe das Leben, das Leben liebt Dich! Lass Dich nicht mehr entmutigen von den scheinbaren Rückschlägen. Alles folgt dem Plan der Pläne und Dein Herz kennt all seine Wege. Sei in Dir und sei im Ganzen aufgehoben und geborgen. Alles folgt dem höchsten Ganzen, alles ist ein Teil seines Plans, alles ist das Untrennbare. Du bist eins mit dem Ganzen.

Einssein eröffnet den Weg zum Plan.

Zeit und Raum

Zeit und Raum sind Verbündete, die eine kommt mit dem anderen, sind nicht zu trennen voneinander, nicht im Leben der Polaritäten. Zeit und Raum bedingen einander in der materiellen Welt. Zeit lässt sich nicht überwinden.

Zeitlosigkeit ist im Hier und Jetzt.

Zeit und Raum sind Geschwister dieser irdischen Realität. Du kannst sie nicht hinter Dir lassen, indem Du sie bekämpfst. Zeit lässt sich transzendieren im Hier und Jetzt. Lasse den Augenblick fließen, ohne dass Du Dich ihm widersetzt.

Dein Leben ist im Hier und Jetzt.

Weg der Seele

Die Seele kennt den Weg der Liebe, den Herzensweg, in jedem Moment. Halte inne und lausche, geh in die innere Stille, dort ist Dein Zugang zum Licht.

Innehalten und Lauschen öffnet Dir den Weg.

In der Stille ist Liebe und Licht. Die Seele spricht in Stille, spricht durch die Liebe. Öffne Dein Herz für den Weg. Lass Dich fallen in die Liebe, in die göttliche Kraft des Herzens.

Deine Seele weist Dir den Weg.

Alles und Nichts

Alles kommt aus dem Nichts, kommt aus dem leeren Raum der Stille. ES ist der Ursprung von allem, die Quelle.

ES ist in Dir, in mir und in allem.

ES ist das Feuer, der Brennstoff, der alles in seiner Bahn hält, am Leben hält, antreibt. Werden, Vergehen, der Fluss der Gezeiten, Sterben und Wiedergeboren-werden, Sein und Nichtsein, die Polaritäten, die sich im ewigen Fluss verschmelzen.

SEIN ist alles, was ist.

Ende und Anfang

In jedem Tod wohnt neues Leben. Jeder Baum stirbt einen Tod, wenn er seine Blätter abwirft. Altes stirbt, wird neu geboren, transformiert.

Du stirbst und entstehst aus der Asche neu.

Wie der Phönix zum Himmel fliegt, wartet ein neues Morgen. Wenn das Alte stirbt, wird das Neue geboren. Es ist ein Übergang ins Morgen, ein neuer Weg voller Freude.

Feiere Dein neues Leben!

Stille II

Stille ist, wenn alles wegfällt. Stille ist, was bleibt. Stille ist Herzensfrieden, ist das Zentrum des Seins.

Stille ist, was Du bist.

Stille ist Erleuchtung, ist die Quelle, der Ursprung. Wir sind aus Stille geboren, können in Stille eintauchen, sein.

Stille ist der Urgrund des Seins.

Himmel und Erde

Himmel und Erde verbinden sich in Dir durch die Liebe in Deinem Herzen. Das Herz ist die Brücke. Liebe ist die Verbindung der Welten, ist das, was alles zusammenhält.

In der Liebe ist alles eins.

Himmel und Erde sind zwei Welten und doch nicht voneinander getrennt. Eins ist im anderen enthalten. Liebe ist in allem.

Liebe ist der Weg.

Hier und Jetzt

Vergangenheit und Zukunft treffen sich jetzt im Moment. Jetzt ist alles, was ist. Jetzt ist der Funke von allem was war und was jemals sein wird. Jetzt ist der Zugang, die Pforte zum Nichts, aus dem alles entsteht.

Jetzt ist ES.

Morgen und gestern sind jetzt enthalten. Hier ist die Wurzel, der Schlüssel zu allem. Öffne die Tore des Herzens und Du wirst sehen! Lausche der Sprache des Herzens und fühle. Jetzt ist immer nur jetzt!

Sei ganz hier.

Perfektes Timing

Alles passiert zum richtigen Zeitpunkt. Gegenwart, Vergangenheit, Zukunft sind ineinander verwoben. Eines entsteht aus dem anderen, alles ist mit dem Ganzen verbunden, eins greift ins andere, wie ein großes Netzwerk an Zeiten.

Der Verstand versteht nicht die Zeit.

Du bist verwoben mit dem Ganzen. Deine Entscheidung beeinflusst das Ganze und geht hervor aus dem Ganzen. Alles, was Du willst und alles, was er oder sie will, sind im großen Ganzen enthalten. Jeder Schritt ergibt den nächsten. Versuche nicht, Timing zu verstehen.

Vertraue dem großen, göttlichen Plan.

Blockaden lösen

Blockaden lösen sich ganz einfach, wenn Du sie annehmen kannst, voll und ganz. Wenn die Liebe dorthin geht, wo Dich etwas am Glücklichsein hindert, schmelzen die Blockaden von selbst. Widerstand, Ängste halten sie fest.

Du entscheidest: Angst oder Liebe?

Wenn Du Blockaden lösen kannst, alles was Deinem Glück im Weg steht, fließt das Leben von selbst und Du bist reich beschenkt. Du bist die Fülle, das Dasein will sich verschenken, verströmen. Du musst die Fülle nur annehmen und sie nicht mehr am Strömen hindern.

Liebe ist der Weg!

Wiederkehr

Was verloren schien, kommt zurück zu Dir, wenn es wirklich zu Dir gehört. Liebe im Herzen heilt alle Wunden, nichts ist auf immer verloren.

Liebe heilt die Herzen.

Wenn Du Dich der Liebe öffnest, kann sie durch Dich fließen, Dich reinigen und alle Schlacken mit sich nehmen. Wunden aus alten Tagen heilen.

Es ist die Zeit der Wiederkehr.

Liebe statt Angst

Die Liebe der Herzen bringt die Dinge in die Welt. Ist Dein Herz umschattet, bringt es Schatten in die Welt. Ist Dein Herz erleuchtet, bringt es Licht in die Welt.

Du bist Licht, Du bist Schatten, Du hast die Wahl!

Herz an Herz verstärkt das Licht. Liebe potenziert sich, wenn sie geteilt wird. Schatten kreieren Schatten, Angst verstärkt Angst. Angst kreiert Enge, behindert das Fließen. Liebe macht weit und kann sich ausdehnen, um das Licht in die Welt zu bringen.

Erschaffe Liebe statt Angst!

Freude, Liebe, Fülle

Dein natürlicher Zustand ist Freude. Wie die Wolken die Sonne verdecken, legen sich Schatten über die Freude. Freude ist aus Liebe geboren. Angst und Zweifel umschatten Dein Herz.

Du kannst die Freude wieder entfachen.

Lege die Sonne in Dir frei! Nähre die Liebe, die Freude. Vertreibe durch Licht die dunklen Gedanken, die Dein Herz umwölken. Freude ist Dein natürlicher Zustand.

Du bist Freude, Liebe und Fülle!

Alchemie

Die Liebe ist der stärkste Schmelztiegel. Sie verwandelt alles. Sie ist die Kraft der Alchemie, die Blei in Gold verwandelt. In ihr schmelzen alle Schlacken.

Liebe ist die läuternde Kraft.

Wo sich Blei in Gold verwandelt, brennt das Feuer der Liebe stark. ES lässt Dich niemals stillstehen, ehe Du sie gefunden hast. Das Feuer der Liebe, das Ziel von allem.

**Blei in Gold zu verwandeln,
heißt der Liebe zu dienen.**

Stille III

Die Stille ist die Gnade des Geistes. Wenn die Gedanken zur Ruhe kommen, kann die Ewigkeit fließen. Herz an Herz und Geist an Geist. Stille weckt die Sehnsucht des Herzens, sich in die Welt zu ergießen.

Stille ist Leben, Stille ist All-ES und Nichts.

Stille fließt durch die Herzen, die sich in ihr vereinen. Sie erweckt die Seelen ins Licht. Aus der Stille geboren, fließen die Gegensätze wieder in Einheit zusammen, Polaritäten vereinen sich. Nichts ist mehr in der Stille getrennt.

Stille ist Liebe und Licht.

Der leere Raum

Der leere Raum im Herzen öffnet sich nach dem Loslassen. Er erschafft alles neu. Es ist ein Raum der Liebe, der Freude. Der leere Raum ist Schöpfungsraum. Aus ihm kann alles hervorgehen. Der leere Raum ist das Leben, das sich in jedem Moment entfaltet.

Der leere Raum ist ES.

ES durchdringt alles, ES enthält alles, ES ist alles, alles und nichts. Der leere Raum ist in allem, was existiert. Aus dem leeren Raum kommen die Gedanken, die den Schöpfungsimpuls enthalten. ES wirkt durch Dich, wenn Du den leeren Raum in Dir betrittst. ES führt Dich, ES erschafft das Leben zum Wohl des großen Ganzen.

ES ist in allem, ES ist.

Vergebung

Vergebung heilt die Herzen. Wenn Du Dir selbst vergeben hast, kannst Du auch anderen vergeben. Du heilst Dich selbst.

Liebe und Vergebung sind ident.

Deine Seele hat nichts zu vergeben, nur zu erfahren. Liebe liebt andere wie sich selbst. Liebe heilt die Herzen.

**Vergebung dient der Seele,
zu wachsen und sich ganz zu entfalten.**

Abschließen und vorwärtsgehen

Schließe das Alte ab, damit Du frei für das Neue bist, das kommen will. Liebe wird neu geboren, wenn wir sie gehen lassen. Liebe schließt sich niemals ab, nur das Alte, das nicht Liebe war.

Liebe ist, neu geboren werden.

Was gestern war, ist gegangen und morgen ist noch nicht entstanden. Liebe ist hier und jetzt. Lass die Liebe neu entstehen, lass sie durch Dich leben.

Liebe ist. Hier und Jetzt.

Hingabe II

Hingabe ist sich anvertrauen – dem Leben, der Liebe. Hingabe ist ein Sich-Hingeben, alles von sich geben, in den Fluss des Lebens eintauchen und darin aufgehen. Hingabe ist ein Sich-tragen-Lassen, ganz im Vertrauen.

Gott ist zu finden in der Hingabe.

Wenn Du Dich selber losgelassen hast, aufgegangen im großen Ganzen, bist Du mehr als Du vorher warst, bist Du alles, in allem enthalten. In Deiner Hingabe endet scheinbar Dein Leben, tatsächlich wird alles erst erschaffen, wenn Du Dich voll und ganz hingeben kannst. Du kannst dem Strom des Lebens vertrauen, der alles immer neu erschafft.

Du erstehst neu in der Hingabe.

Fügungen

Fügungen geschehen, wenn Du loslässt und dem Leben nicht mehr im Weg stehst. ES geschieht, geschieht durch Dich. Alles fügt sich zum Besten, von SELBST.

ES geschieht durch Dich in der Welt.

SEI und es wird Dir gegeben, ES ist alles, was ist. Liebe, Freude, Fülle sind Ausdruck des Lebens, das fließt durch Dich.

ES geschieht von selbst.

Wissen – Gewissheit

Der Schritt vom Wissen zur Gewissheit ist der Schritt vom Verstand ins Herz. Du bist in Dir verankert, bist geborgen im SEIN.

Gewissheit hat nur Dein Herz.

Du bist getragen vom SEIN. ES kann niemals getrennt von Dir sein. Du bist eins mit dem göttlichen SEIN.

Leben ist, in Gewissheit sein.

Freiheit II

Freiheit ist SEIN. In der Welt in Frieden sein. Frieden mit allen Kreationen. Freiheit kann nur ein Zustand sein. Niemand kann Dich unfrei machen. Nichts und niemand kann Dich festhalten.

In der Freiheit ist wahres SEIN.

Freiheit ist Leben. Leben mit anderen oder allein. Du kannst immer in Freiheit sein. Freiheit ist, was Du bist. Deine Seele ist frei. Nichts kann Dich jemals beschränken, es sei denn, Du wählst es, unfrei zu sein. Seelen wollen erfahren, ohne zu werten.

Deine Natur ist frei.

Innere Wahrheit

Deine innere Wahrheit ist das Barometer für Dein Sein. Deiner Wahrheit zu folgen, macht Dich frei. Verleugnest Du Deine Wahrheit, wird Dich das Kraft kosten.

Deine Seele kennt den Weg.

Folgst Du dem Weg der Seele, folgst Du der inneren Wahrheit. Sie ist der Wegweiser auf Deinem Weg. Sie führt Dich durch Licht und Schatten. Was für Dich wahr ist, hebt Dich an, Unwahrheit kostet Dich Kraft durch Dein Nicht-authentisch-Sein.

Wahrheit macht Dich frei.

Vertrauen ins Leben

Das Leben lässt Dich nicht im Stich. Der Weg entsteht im Gehen. Jetzt und jetzt und jetzt und jetzt. Es gibt nur diesen Moment. Aufzuwachen bedeutet erkennen: Alles ist hier und jetzt.

Hier und jetzt ist das Leben.

Geh Deinen Weg im Vertrauen. Jetzt ist alles, was ist. Nichts kann entstehen ohne das Jetzt. Du entstehst in jedem Moment, Leben entsteht in jedem Moment.

Alles, was ist, ist jetzt.

Erleuchtung

Wo Erleuchtung ist, ist kein Ich. Da ist Licht-und-Liebe, das sich durch „Dich" lebt. Du bist Licht. Licht, dem nichts mehr im Wege steht.

Bring Dein Licht in die Welt!

Licht und Liebe verändern die Welt. Lass Liebe durch Dich fließen, sie findet ihren Weg. Liebe für Dich und Deine Nächsten. So fließt Liebe in die Welt.

Sei Licht, sei Liebe!

Zeit

Zeit ist ein Phänomen der Erde. Nirgendwo im Universum existiert die Zeit. Zeit ist von Gott gegeben, um daran zu wachsen, zu lernen. Es unterstützt deinen Weg.

Lerne, in der Zeit zu sein.

Zeit ist ein Phänomen. Es lässt sich nicht erklären, nur fühlen, wahrnehmen, in ihr sein. Sie lässt sich nicht erfassen mit Denken aufgrund der Gleichzeitigkeit. Hier-und-Jetzt entgeht der Zeit. Jetzt bist Du mit allen Zeiten verbunden, Jetzt ist der Link zu allem, was ist.

Sei in der Zeit, sei bei Dir.

Alles geschieht

Alles geschieht im Moment, und der Moment ist immer der richtige Moment. Es gibt nur diesen Moment. Sei im Moment und Du bist hier. ES ist jetzt hier.

Alles fließt im Moment.

ES ist alles, was ist. ES ist in jedem Moment. Jetzt ist das Leben, nur jetzt! Morgen folgt den Gedanken, gestern lebt in Gedanken. Es ist nicht hier und jetzt.

Das Leben existiert nur jetzt!

Leben ist

Das Leben geschieht, während wir innehalten. Es ist in jedem Moment. Leben entfaltet sich von selbst, wenn Du ihm nicht im Weg stehst. Es geschieht durch Dich, es lebt Dich, von Moment zu Moment.

ES ist.

Liebe ist Leben im Moment. Liebe ist alles, was ist. Aus der Liebe fließt Leben von Moment zu Moment. ES ist in allem, was ist und alles ist in ihm.

Liebe ist.

Einfach sein

Entspanne Dich in den Moment. Es ist immer nur jetzt. Jetzt ist der einzige Moment. Es gibt nur dieses Jetzt. Jetzt sei ganz hier, sei anwesend, und alles fließt durch Dich. ES geschieht.

ES ist immer nur jetzt.

Jetzt ist das Leben, nicht gestern, nicht morgen. Es entsteht in diesem Moment. Er braucht Deine Anwesenheit. Energie folgt der Aufmerksamkeit. Sei im Jetzt und alles fließt, alles geschieht durch Dich.

Sei im Moment, er ist alles, was ist.

Alles, was ist

Alles, was ist, ist in Dir. Du bist alles, was ist. Nichts ist mehr von Dir getrennt. ES ist. Du bist Liebe und Licht in der Welt. ES fließt durch Dich. Sei in der Welt wie Du bist.

Lebe Dein Licht.

Licht ist alles, was ist. In Dir, in allem ist Licht. Sieh Dein Licht, das Licht der Welt, sei der Welt ein Licht.

Lebe die Liebe, das Licht.

Ganzheit

Ganzheit ist untrennbar. Das Ganze ist eins. Einheitsbewusstsein heißt ganz sein, nichts von Dir trennen, nichts ablehnen. Ganz ist Licht und Schatten jenseits der Polarität.

Einheit ist alles, was ist.

Jenseits der Polarität zu leben, heißt, nichts im Leben mehr abzulehnen. Alles ist so wie es ist. Es ist. Du bist in der Polarität und Du bist alles, was ist. Das Ganze ist in Dir, Du bist ganz, eins mit dem Ganzen, untrennbar.

Du bist, das Ganze ist.

Sein

Einheit ist Sein. Das Göttliche fließt und erlebt sich durch alles, was ist. Jeder Moment ist Sein. In der Welt sein. Jetzt.

Sein ist alles, was ist.

In der Welt sein und jenseits der Welt. Nichts ist voneinander getrennt. Sein ist ewiges Sein. Alles ist im Moment. ES ist jetzt hier.

Jetzt ist Sein.

Meditation

Leben ist Meditation. In der Mitte sein. In der Mitte des Rades ist Stille, Unbewegtheit. Wenn die Stürme des Lebens toben, sei in der Mitte, sei in der Stille.

Sei in Meditation.

In Deinem innersten Zentrum ist Deine Heimat. Dort kannst Du rasten und Kraft schöpfen. In Deinem innersten Zentrum hast Du Zugang zu allem, zum ganzen Universum, zur Quelle, zum Ursprung.

Sei in der Quelle. Sei.

In Freiheit sein

In Freiheit sein ist das Leben. Es entsteht in jedem Moment, es entfaltet sich frei. Wie eine Blume, die sich dem Licht entgegenstreckt. ES geschieht in jedem Moment.

Freiheit ist Sein.

Von Moment zu Moment zu leben, ist wahres Sein. Du folgst dem Weg, der entsteht, im Gehen. Ein Moment führt zum nächsten. ES entfaltet sich von selbst.

ES ist Leben in jedem Moment.